ORDONNANCES ROYAVX, SVR LE FAIT DE L'ADMIRAVTÉ, Iuriſdiction d'icelle, & tout ce qui en dépend.

Publiées le dixiéme iour du mois de Mars, mil cinq cens quarante-trois.

A ROVEN,
De l'Imprimerie de DAVID DV PETIT VAL, & IEAN VIRET, Imprimeurs ordinaires du ROY.

M. DC. LVII.
Auec Priuilege de ſa Majeſté.

BRIEFVE RECOLLECTION des preſentes Ordonnances ſelon les articles enſuiuans.

ET PREMIEREMENT.

QVE de toutes les armées qui ſe dreſſeront par la Mer, l'Admiral en ſera chef, aura la iuriſdiction de tous delicts & crimes qui ſe commettront durant la guerre. Pareillement des marchandiſes & peſcheries, comme Lieutenant general du Roy, Article premier.

L'Admiral tiendra ſa iuriſdiction aux Tables de Marbre, & ſortiront les appellations és Cours ſouueraines, article ij.

L'admiral a droit de nommer és offices de la marine par mort & reſignation, & y commettre Viſadmiraux & Procureurs, article iij.

L'admiral prendra les amendes adjugées és iuriſdictions ordinaires, article iv.

Ledit admiral, ſes Iuges ou Lieutenans pourront mettre & tenir leurs priſonniers és villes & places fortes és lieux prochains de la mer, article v.

Les Iuges & officiers de ladite admirauté tiendront leurs iuriſdictions toutes les ſemaines par diuers iours, article vj.

Ledit admiral pourra deux fois l'an faire faire la monſtre des hommes des parroiſſes ſubjets au guet de la mer, article vij.

Ledit admiral fera faire le guet quand beſoin en

Fin de la Table.

ORDONNANCES

Royaux de l'Admirauté.

FRANÇOIS par la grace de Dieu Roy de France. A tous presens & aduenir, Salut. Comme puis n'agueres en pouruoyant nostre amé & feal Cousin le Sire Dannebault, Cheualier de nostre ordre, Mareschal de France, & nostre Lieutenant general au Gouuernement de Normandie, sous nostre tres-cher & tres-aymé fils le Dauphin de Viennois, Duc de Bretaigne, gouuerneur dudit pays, de l'estat & office d'admiral de France, n'agueres vacquant par le decez & trespas du feu Seigneur de Bryon, dernier possesseur dudit office nostredit Cousin nous eust remonstré plusieurs difficultez estre cy-deuant aduenuës, pour raison des droits & authoritez pretendus audit estat & office d'Admiral. Mesmes du temps dudit feu Seigneur de Bryon, auec plusieurs differends pour raison de l'ordre de la nauigation & équipage d'icelle, & de la Iustice dependant du fait de ladite nauigation, ensemble des prinses & butins faits en la Mer. Nous requerant puis que nostre plaisir estoit le pouruoir dudit office d'Admiral, dire & declarer nostre vouloir &

intention sur lesdites difficultez & differends, & d'establir loix & ordonnances certaines, tant pour lesdits droits & auctoritez, que pour la iurisdiction & cognoissance concernant le fait de ladite Admirauté, & ce qui en dépend. Afin qu'il puisse voir clairement en son administration, & icelle faire selon nostre intention au bien de nostre seruice, profit & vtilité de la chose publique. Et à ce que ausdites loix & ordonnances les marchands & gens de guerre frequentans ladite nauigation puissent auoir recours en leurs causes & querelles. Et qu'en vsant par nostredit Cousin des droits & auctoritez qui luy seront par nous ordonnées, on ne luy puisse imputer auoir entrepris outre le deu de son estat & office. Laquelle remonstrance & requeste eussions trouuée tres-raisonnable, tant pour la conseruation de nostre auctorité, establissemēt & conduites de nos forces en la mer, que pour l'entretenement de ladite nauigation, seureté & tranquilité des marchands & gens de guerre frequentans icelle mer & nauigation. Et aussi à ce que les droits & ce qui dépend dudit estat, charge & office d'Admiral, puissent estre cy-apres clairemēt entendus. Parquoy & afin d'y satisfaire, eussions enjoint aux gens de nostre Priué Conseil de faire extraire toutes & chacunes les ordonnances faites, tant par nos predecesseurs Roys, que par nous, sur le fait de ladite nauigation & admirauté, auecques tous & chacun les tiltres documens & enseignemens faisant mention des droits & iurisdiction dudit Admiral, & de faire assembler en nostre Priué Conseil nos principaux officiers de la marine, capitaines & maistres de nauire, & aucuns des plus notables marchands frequentans icelle marine & nauigatiō, pour auecques eux voir & visiter lesdites ordonnances, tiltres, documens & enseignemens, les ouyr sur iceux, en recueillir leur aduis & opinions, & apres nous en faire rapport en nostredit Conseil, afin de les restraindre, modifier ou employer selon que verrions estre à faire pour le bien de ladite nauigation, conseruation de nosdites forces : & consequemment de ladite chose publique. Ce qui auroit esté fait : & de tout nous auroit esté fait rapport. Sçauoir faisons, que oüy par nous ledit rapport, auons sur chacun article desdits droits & auctoritez : ensemble desdites loix & Ordonnances concernans ladite nauigation, l'ordre & la Iustice d'icelle. Et generalement de tout le fait de ladite admirauté, dict, declaré, statué, disons, declarons & ordonnons ce qui s'ensuit.

Que de toutes armées qui se dresseront par la mer, l'Admiral en sera chef, aura la iurisdiction de tous delits & crimes qui se commettront durant la guerre : Pareillement des marchandises & pescheries, comme Lieutenant general du Roy.

ARTICLE PREMIER.

ET PREMIEREMENT, que toutes armées qui se feront & dresserōt par la mer, l'admiral de France sera & demeurera chef, & nostre lieutenant general. Et à cause dudit office aura la cognoissance, iurisdiction & diffinition de tous faits, querelles & differends, & de tous crimes, delicts & malefices commis tant durant la guerre & à l'occasion d'icelle, que pareillement pour le fait de la marchandise & pescherie & autres choses quelconques suruenans à la mer, & par les greues d'icelles, comme nostre Lieutenant general seul & pour le tout és lieux dessusdits. Et en semblable de tous contracts faits & passez pour le fait de ladite guerre & desdites marchandises & pescheries, & laquelle cognoissance, iurisdiction & diffinition nous auons interdite & deffenduë, interdisons & deffendons à tous autres.

L'Admiral tiendra sa iurisdiction aux Tables de marbres, & sortiront les appellations és Cours souueraines.

II.

ITEM, tiendra ses cours & iurisdictions ordinaires de premiere instance és villes, iurisdictions & iours accoustumez & celles des appellations procedans desdites iurisdictions ordinaires, aux tables de marbre establies. Les appellations desquelles tables de marbre si aucunes sont interjectées, iront & ressortiront respectiuement en nos Cours de Parlemẽt, esquelles elles ont accoustumé ressortir, & seront releuées lesdites appellations respectiuement dedans le temps prefix & ordonné par nos dernieres ordonnances faites pour raisons des matieres dépendans de nos iustices ordinaires.

L'Admiral a droit de nommer és offices de la marine par mort & resignation: & y commettre Visadmiraux & Procureurs.

III.

ITEM, aura ledit Admiral le droit de nommer aux offices de iuges & lieutenans, aduocats, procureurs, greffiers & tous autres officiers desdites iurisdictions quand vacation y escherra, par mort resignation ou autrement. Et dés maintenant voulõs & nous plaist que ceux qui ont eü commission de nous depuis le trespas dudit feu Seigneur de Bryon dernier Admiral pour exercer leurs estats & offices iusques à ce que par nous autrement en fust ordonné, prennent lettre de nomination de nostredit Cousin le Seigneur Dannebault à present Admiral : ou qu'au lieu d'iceux il nous puisse nommer ausdits estats & offices, tels autres personnages suffisans & capables qu'il aduisera : pour à sadite nomination en estre par nous pourueu. Aussi pourra iceluy Admiral constituer Procureur pour luy esdites iurisdictions pour la cõseruation de ses droits de dixme des prinses sur mer & autres cy-apres specifiez. Et mettre & instituer sous luy Visadmiraux ayans en son absence pareilles facultez & puissance que luy en toutes choses concernans leurdit estat & office d'Admiral.

L'Admiral prendra les amendes adiugez és iurisdictions.

IV.

ITEM, prendra à luy seul toutes les amendes taxées & adjugées esdites Cours & Iurisdictions ordinaires & de premiere instance. Et quant à celles qui seront taxées & adjugées esdites Iurisdictions desdites tables de marbre, la moitié nous en appartiendra : & l'autre moitié audit Admiral.

Ledit Admiral ses Iuges ou Lieutenans pourront mettre & tenir leurs prisonniers és villes & places fortes és lieux prochains de la mer.

V.

ITEM, pourra ledit Admiral & en semblable

les Iuges & Lieutenans de ladite admirauté (tenir leurs iurisdictions & mettre leurs prisonniers en garde en nos villes, places & chasteaux) ensemble de nos Subjets prochains des costes de la mer. Et seront tenus les capitaines & officiers desdites villes leur prester prisons, en payant raisonnablement les despens des prisonniers.

Les Iuges & Officiers de ladite admirauté tiendront leur iurisdiction toutes les sepmaines par diuers iours.

VI.

ITEM, & pour plus prompte expedition de Iustice, Et afin que les maistres contremaistres, mariniers & autres frequentans la mer, ne soient empeschez au fait & exercice de la nauigation, les officiers de ladite admirauté en premiere instance tiendront la Iurisdiction trois iours la sepmaine pour les gens de la ville où icelle iurisdiction sera tenuë, & de la coste de la mer. Mais pour les marchands forains tiendront ladite iurisdiction de iour en iour & d'heure à autre.

Ledit Admiral pourra deux fois l'an faire faire la monstre des hommes des parroisses sujettes au guet de la mer.

VII.

ITEM, & pour les guets qui ont accoustumé estre faits en temps suspect & de guerre sur les costes de la mer, nostredit Admiral s'il voit que bon soit, pourra deux fois l'an faire la monstre de tous les hommes des parroisses sujettes au guet de ladite mer, pour s'en seruir à la deffence de la coste (si le cas le requiert.) Et les contraindra à eux armer & embastonner comme il appartient.

[illegible]edit Admiral fera faire le guet quand besoin en sera, en contraignant à ce faire les hommes y sujets par emprisonnement de leurs personnes.

VIII.

ITEM, quand besoin sera nostredit Admiral pourra faire faire le guet sur la coste de la mer, par les hommes sujets audit guet, & auec tel nombre de gens qu'il aduisera pour le mieux. C'est assauoir de iour par fumées, & de nuict par signes de feu, ainsi qu'en tel cas est accoustumé, en contraignant à ce faire les hommes sujets audit guet par prinse de corps & de biens & autrement, ainsi qu'il appartiendra & verra estre à faire, iusques à ce qu'ils ayent obey. Et sera tenu ledit Admiral visiter ou faire visiter chacune coste, afin de sçauoir & entendre le deuoir qui s'y fera, pour y pouruoir & donner ordre à qui que ce soient les terres, à ce qu'aucun inconuenient ou surprinse n'y aduienne.

Forme de payer le guet, tant en temps de paix que durant la guerre.

IX.

ITEM, au regard desdits guets qui ont accoustumé estre payez à nostredit Admiral par les hõmes des parroisses sujettes audit guet, Nous voulons & entendons qu'ils luy soient payez en temps de paix & au taux accoustumé. Mais si en temps de guerre ou suspect de guerre il estoit ordonné par [no]stredit Admiral faire le guet le long de ladite coste, il ne s'en payera aucune chose, attendu que le guet se fera. Si ce n'est par les deffaillãs audit guet: qui payeront ledit guet auec l'amende du deffaut. Et pourra nostredit Admiral auoir son clerc de guet qui tiendra papier & registre desdits deffaillans, lequel apportera à nostredit Admiral ou autre qu'il commettra pour luy, ledit papier & registre, pour faire cōtraindre lesdits deffaillans à luy payer ledit guet & deffaut, lequel deffaut sera taxé à tel feu qu'il a accoustumé estre payé.

Que les habitans sur la coste de la mer seront tenus faire le guet iusques à demie lieuë loing de ladite mer.

X.

ITEM, & afin que chacun sçache en quel lieu il sera tenu faire le guet, & qu'en ce ny ait desordre ne confusion, Voulons & ordonnons que les habitans sur la coste de la mer iusques à demie lieuë loing d'icelle, soient tenus faire le guet sur ladite coste, Et à ce seront contraints par lesdits Admiral, Visadmiral & autres officiers de l'admirauté en forme dessusdite. Excepté toutesfois ceux qui ont accoustumé faire ledit guet és villes, chasteaux & places fortes situées sur la mer, qui le feront esdits lieux ainsi qu'ils ont accoustumé, & non sur ladite coste.

Du droict appartenāt au Roy & à l'Admiral des marchandises qui se tireront & sauueront de la mer.

XI.

ITEM, de tout entierement qui se tirera de mer à terre, tant Spariées, veresques que barbaries & choses du flo, la tierce partie en appartiendra à celuy ou ceux qui l'auront tiré & sauué, vne tierce partie audit Admiral, & l'autre tiers à nous ou aux seigneurs ausquels auōs dōné nostre droit d'iceluy tiers en leurs terres. Si toutesfois le marchand ne poursuit sa marchandise dedans l'an & iour de la perte d'icelle. Car s'il la poursuit dedās l'an & iour de de ladite perte, il la recouurera en payant les frais du sauuement à ceux qui auront iceluy fait.

Du droit appartenant à ceux qui tireront les marchandises peries en la mer.

XII.

ITEM, & en semblable de tous nauires & autres marchandises peries & peschées à flo en la mer, Et generalement de tout ce qui seroit allé au fonds de la mer, & qui par engin ou par force se pourra pescher & tirer hors, vn tiers en appartiendra à celuy ou ceux qui auront tiré & sauué lesdites Nauires : biens & marchandises, vn autre tiers audit Admiral, & l'autre à nous.

Aucune Nef ne Vaisseau au temps de guerre ne pourra entrer en Haure sans le congé de l'Admiral ou ses Visadmiraux.

XIII.

ITEM, si en temps de guerre aucune Nef ou autre vaisseau veut entrer en aucun port ou haure de nostre Royaume, faire ne le pourra sans auctorité ou congé de l'Admiral ou de ses Visadmiraux.

L'Admiral aura la charge & superintendance de tous les Nauires qui se dresseront en temps de guerre contre les ennemis.

XIV.

ITEM, si pour faire guerre à nos ennemis aucune armée ou entreprinse de Nauires & vaisseaux se faisoit & dressoit par la mer. Ledit Admiral comme dit est cy-dessus, en sera le chef ou son Visadmiral en son absence, & à luy seul en appartiendra la totale charge & superintendence, ensemble des radoulx, armement, équipage, artillerie, gens & victuailles desdites Nauires & Vaisseaux.

Toutes Nauires allans par la mer seront tenus porter les bannieres, estandarts & enseignes de l'Admiral.

XV.

ITEM, tous Nauires allans par la mer sous nostre obeïssance à quelques personnes qu'ils soient & appartiennent, seront tenus de porter les bannieres, estendarts ou enseignes dudit Admiral; lequel pourra en iceux Nauires mettre bannieres, & estandarts, enseignes, trompettes & menestriers à son plaisir.

Le pouuoir dudit seigneur Admiral sur lesdites Nauires.

XVI.

ITEM, pourra aussi mettre poudres, pauois & lances: pour telle quantité que requis sera. Sçauoir est vne liure de poudre pour tonneau, vn pauois & vne lance pour trois tonneaux ou plus, si requis en est, le tout à poids competent.

Le serment que doiuent faire audit Admiral & à ses Visadmiraux: les chefs & Capitaines des Nauires de guerre.

XVII.

ITEM, & quand aucune armée ou entreprinse se fera sur mer par gens qui soient à nos gages, ledit Admiral ou son Visadmiral & Lieutenant fera jurer les chefs de chacun Nauire de bien & à droit le gouuerner & conduire sans porter dommage à nos Subjets, amis, alliez ou bien-veillans, aussi de respondre pour ledit voyage des gens de leurs charges. Pareillement fera jurer les maistre & patron auec ses quarteniers de semblablement respondre de leurs gens. Attendu que les frais de la mer ne ſont ſemblables à ceux de la terre. Et que quand aucun y méfait, ſes compagnons le peuuent ſçauoir, & ne ſe peut abſenter apres ſon méfait: iuſques à ce qu'il ſoit retourné à terre.

Nul ne pourra mettre Nauire ſur mer pour faire la guerre aux ennemis ſans le congé dudit Admiral ou ſes Commis, & aura la cognoiſſance & iuriſdiction des abus qui s'y peuuent commettre.

XVIII.

ITEM, ne pourra aucun de quelque eſtat qu'il ſoit mettre ſus aucun Nauire à ſes deſpẽs: pour faire guerre à nos ennemis, ſinon par le congé dudit Admiral ou de ſon Viſadmiral & Lieutenant, lequel regardera que ledit Nauire ſoit ſuffiſant propre & conuenable: pourueu de gens de guerre, harnois, artillerie, & de tout ce qui eſt neceſſaire pour la guerre. Et ſi aucune choſe y defaudra la y mettra ou fera mettre à prix raiſonnable: afin qu'incõuenient n'en aduienne, & que le nauire ne puiſſe honteuſemẽt eſtre prins ou perdu pour auoir eſté remply de gens de neant, ſans cœur, ſans bon chef & ſans ordre & munition ſuffiſante, pour offencer ou deffendre. Parce que ce ſeroit à la diminution de la reputation de nos forces en la mer, & quand ledit Admiral trouuera la Nauire eſtre ſuffiſamment equippé pour offencer ou deffendre fera iurer & reſpondre les chefs, enſemble leſdits quarteniers par la maniere & ainſi que contenu eſt par l'article prochain precedent. Et enjoindra aux maiſtres & patrons de obeïr à leurs chefs: & aux quarteniers auſdits maiſtres & patrons, ſur peine de punition corporelle. Et ſi par deſobeïſſance d'aucun aduenoit quelque inconuenient ou perte, noſtredit Admiral ou ſon

Visadmiral & Lieutenant fera punir le delinquant selon l'exigence du cas, & restituer la perte iusques à son vaillant : si tant se monte icelle perte.

Ledit Admiral pourra commettre vn homme en chacun desdits Nauires.

XIX.

ITEM, pourra ledit Admiral (s'il voit que bon soit) mettre en chacun desdites Nauires vn homme habille à sa deuise : pour en ses mains mettre les chartes-parties & autres enseignemens trouuez és mains des prisonniers: qui seront prins par lesdites Nauires, & du tout faire rapport.

Que de toutes les prinses qui se feront en mer par les gens & alliez du Roy, sera amené à terre deux ou trois des prisonniers par deuers ledit Admiral ou Visadmiraux, auant que ladite prinse soit descenduë ny partie.

XX.

ITEM, de toutes les prinses qui se feront en mer, soit par nos sujets ou autres tenans nostre party. Et tant sous ombre & couleur de la guerre que autrement les prisonniers & pour le moins deux ou trois des plus apparens d'iceux, serõt amenez à terre deuers nostredit Admiral ou sondit Visadmiral ou Lieutenant. Pour au plustost que faire ce pourra estre par luy examinez & oys auãt qu'aucune chose desdites prinses soit descenduë, afin de sçauoir le pays de là où ils seront, à qui appartiennent les Nauires & biens d'iceux prins, pour si la prinse se trouue auoir esté bien faite telle la declarer. Sinon & où elle se trouueroit mal faite, la faire restituer à qui il appartiendra. En enjoignant par cesdites presentes audit Admiral, Visadmiral ou Lieutenant ainsi le faire, & sur ce faire & administrer bonne & briefue Iustice & expedition.

Que ledit Admiral ou ses commis s'informeront diligemment desdites prises : & des abus qui s'y commettent en faisans visiter les Nefs & marchandises, & en faisant rendre a chacun ce qu'il appartiendra esdites prinses.

XXI.

ITEM, & pource qu'il pourroit aduenir cõme autrefois est aduenu, qu'aucuns se voyant les plus foibles saueroient leur corps dedans leur petit batteau s'ils ont loisir de ce faire, abandonnant leurs Nauires & les biens d'iceux. Et que ledit cas aduenant ne pourroient les prisonniers estre amenez deuers nostredit Admiral, Nous consideré qu'ainsi en peuuẽt faire les marchands ou autres gens de nostre obeïssance ou de nos alliez pour la saluatiõ de leurs personnes, & la crainte des maux qui se peuuent en cela commettre, Voulons & ordonnons que tels cas aduenans, ledit Admiral ou sondit Visadmiral s'informe deuëment & le plus secrettement que faire se pourra auecques les preneurs & chacun d'eux à part, pour mieux sçauoir au vray la maniere de la prinse, & du pays ou coste où elle aura esté faite. Et contraindre lesdits preneurs de luy monstrer la charte-partie d'iceux, sur lesquels aura esté faite ladite prinse. Et auquel Admiral ou Visadmiral nous enjoignons voir & faire voir les Nefs & marchandises par gens cognoissans, & par bonne & meure deliberation regarder par la conscience & deposition d'iceux preneurs : s'il y a vraye apparence que lesdites Nefs & marchandises soient de nos ennemis. Pour audit cas estre deliurées aux preneurs à caution de la valeur de la prinse par bon & loyal inuentaire, le dixiéme dudit Admiral, duquel sera parlé cy-apres rabatu & à luy deliuré. Et à la charge si aucune poursuite en estoit faite de les restituer s'il est dit par Iustice que faire se doiue. Ensemble ledit dixiéme par ledit Admiral, & si par aucuns des moyens dessusdits y auoit euidente ou vehemente presumption qu'il y eust faute esdites prinses, ou que les prisonniers & biens prins fussent des contrées de nostre Royaume ou des parties de nos amis & alliez, voulōs en ce cas icelles prinses estre mises en seure garde, aux despens de la chose ou desdits preneurs, si le cas le requiert, iusques à temps competent, dedans lequel sera faite diligence d'en sçauoir la verité. Et si lesdits preneurs estoient gens soluables & qu'auecques ce ils baillassent bōne caution desdites prinses : s'il n'y auoit trop grande suspition qu'elles fussent mal faites, icelles en ce cas se pourront si nostredit Admiral trouue que bon soit bailler à iceux preneurs, deuë appreciation & loyal inuentaire desdites prinses prealablement faites.

De faire punition de ceux qui auroient commis faute en leur voyage, pillé, dérobé, mis Nauires à fons ou composé auec les ennemis malicieusement.

XXII.

ITEM, & si aucuns se trouuent auoir commis faute en leur voyage, soit d'auoir mis à fons aucuns Nauires, ou robbé des biens d'iceux : ou noyé les corps des marchands, maistres cōducteurs & autres personnes desdites Nauires, ou iceux descendus à terre en aucune lointaine coste, pour celer le larcin & malfait. Ou bien quand il aduiendroit, comme il a fait quelquefois, qu'aucuns d'eux se trouuans les plus forts viendront rançonner à argent les Nauires de nos Subjets ou d'aucuns nos amis ou alliez, voulons que sans quelque delay, faueur ou deport, ledit Admiral en face ou face faire iustice & punition telle que ce soit exemple à tous autres, deuë information du cas prealablement faite.

De ne donner aucun empeschement aux Nauires des marchands & alliez du Roy: mais leur faire rendre & restituer ce qui leur auroit esté mal prins.

XXIII.

ITEM, si quelques-vns empeschent aucuns marchands, Nauires ou marchandises de nos Subjets, amis & alliez, ou biens-veillans, sans cause raisonnable, ledit Admiral fera incontinent restituer le dommage procedant dudit empeschement. Et ne permettra qu'aucuns de nos amis & alliez & bien-veillans soient par fausse couleur ou excuse feinte endommagez, pour dire qu'ils ne sçauoient s'ils estoient nos aduersaires ou non.

Tous chefs, maistres, patrons, quarteniers & cōpagnons ne feront ouuerture des coffres, balles, bougettes & tonneaux de marchandises & prinses, sans premierement representer les personnes & prinses audit Admiral ou à ses Commis.

XXIV.

ITEM, & pource que souuentesfois est aduenu quand vne prinse estoit faite sur nos ennemis, les preneurs estoient si coustumiers d'vser de leurs volontez pour faire leur profit, qu'ils ne gardoient l'vsage tousiours & de toute ancienneté sur ce ordonné & obserué: Mais sans crainte de Iustice cōme inobediens & pilleurs eux estans encores sur mer, rompent les coffres, balles, bougettes, malles, conneaux & autres vaiſſeaux, pour prendre & piller ce qu'ils peuuent des biens de la prinſe. Enquoy ceux qui ont equippé & mis ſur les Nauires à gros deſpens ſont grandement foullez : dont aduient ſouuent de grandes noiſes, debats & contentions. Nous prohibons & deffendons à tous chefs, maiſtres, contremaiſtres, patrons, quarteniers & compagnons de ne faire aucune ouuerture des coffres, balles, malles, bougettes, tonneaux ne autres vaiſſeaux de quelques prinſes qu'ils facent, ne aucunes choſes deſdites prinſes receler, tranſporter, vendre, n'eſchanger, ou autrement aliener ; ains ayent à repreſenter le tout deſdites prinſes, enſemble les perſonnes conduiſant la Nauire audit Admiral ou Viſadmiral le pluſtoſt que faire ce pourra, pour en eſtre fait & diſpoſé ſelon qu'il appartiendra, & que le contiennent nos preſentes ordonnances, & ce ſur peine de confiſcation de corps & de biens.

Que les bourgeois proprietaires & aduitailleurs des Nauires & ſujets au Roy auront & prendront le quart du butin en toutes leſdites prinſes preallablement le dixiéme dudit Seigneur Admiral prins.

XXV.

ITEM, pource auſſi que pluſieurs bourgeois proprietaires & aduitailleurs de Nauires nos ſujets nous ont cy-deuant fait remonſtrer, Que jaçoit ce qu'ils facent faire leſdites Nauires, & icelles équippét & fourniſſent d'artillerie & autres munitiõs de guerre & de viures, Pour greuer & offencer nos ennemis & aduerſaires, le tout à grands frais & deſpens. Neantmoins ne leur eſt baillé que le huictiéme pour leur portion des butins qui ſont gaignez

gaignez sur nosdits ennemis & aduersaires, qui n'est chose suffisante, eü égard aux grands frais, mises & despences qu'il leur conuient faire à faire faict lesdits Nauires, & icelles équipper, munir & auictailler. Qui est cause que lesdits bourgeois propsietaires & auictailleurs ne peuuent mettre sus & nous seruir de grands & puissans Nauires, ainsi qu'ils pourroient faire si desdits butins raisonnable & competente portion leur estoit distribuée.

Nous, à ce que doresnauant ils ayent plus grande occasion & vouloir de faire faire, & entretenir bons, grands, forts & puissans Vaisseaux, dont puissions estre seruis & secourus en nos guerres contre nosdits ennemis & aduersaires. Et iceux amplement équipper, munir & garnir de toutes choses requises pour la guerre. Auons ordonné & ordonnons qu'iceux bourgeois & autres ausquels appartiendront aucuns Nauires : apres le dixiéme de nostredit Admiral prins & déduit sur la totalité de la prinse & butin que feront lesdits Nauires, auront & prendront la quarte partie du surplus d'icelle prinse & butin, soit de marchandises, prisonniers, rançons & quelques que soient lesdites prinses & butin, sans aucune chose en reseruer ne excepter, & des trois quarts restans: les auitailleurs en auront quart & demy, & les mariniers & autres compagnons de guerre autre quart & demy, pour le partir entr'eux en la maniere accoustumée.

Que les Capitaines, quarteniers, maistres & contremaistres, feront faire serment aux compagnons estans és Nauires, ne piller, ne dérober aucun butin des prinses, sur peine de punition corporelle: ains le

Ordonnances Royaux

tout representer audit Admiral ou a ses Commis.

XXVI.

ITEM, pource aussi qu'auons esté aduertis de plusieurs abus, fautes & larcin qui se sont souuent commis par aucuns quarteniers & compagnons de guerre desdites Nauires, mesmement sous couleur qu'en la presence d'vn Prestre ils feront serment solemnel sur le pain, sur le vin & sur le sel, auecques autres abusiues ceremonies, que de tout ce qu'ils pourront prendre, piller, dérober des prinses faites, soit or, argent monnoyé & à monnoyer, perles, joyaux & autres choses de valeur, ils n'en reuelleront ne diront aucunes choses à Iustice ne ausdits bourgeois & auictailleurs, ne autres: ains le partiront & butineront entr'eux, qui sont choses iniques & de tres-mauuaise consequence, Nous pour à ce pouruoir, auons prohibé & deffendu, prohibons & deffendons à tous capitaines, maistres & contremaistres, quarteniers, mariniers & compagnons de tous Nauires de nostre obeïssance, quels qu'ils soient, & par quelconques personnes qu'ils soient mis sus & équippez, de plus faire doresnauant tels sermens & promesses, Et de ne prendre, rober, rauir, piller & receller aucunes choses desdites prinses quelque qu'elle soit: ains ayent à representer le tout à nostredit Admiral ou son Lieutenant, ainsi que dessus est dit, le plustost que faire ce pourra, pour en estre fait & disposé selon nosdites ordonnances, & ce sur ladite peine de confiscation de corps & de biens, Et ausdits Prestres de plus receuoir lesdits sermens & faire lesdites abusiues ceremonies, sur peine de prison &

d'estre procedé à l'encontre d'eux par procez extraordinairement pour le cas priuilegé, & rendus à leurs Iuges pour leur faire & parfaire leur procez sur le delict commun, à la charge dudit cas priuilegié & autrement, selon droict & raison.

Les compagnons de guerre estans és Nauires auront du butin qui se prendra des ennemis, tant or, qu'argent la somme de dix escus.

XXVII.

ITEM, & neantmoins pour donner meilleure occasion & volonté ausdits mariniers & compagnons de guerre d'eux vertueusement employer aux effects de la guerre, voulons & ordonnons qu'ils ayent toute la dépoüille des habillemens, harnois & bastons des ennemis qui seront forcez esdites prinses, auec l'or & l'argent qu'ils trouueront sur les mariniers & gens de guerre nos ennemis, iusqu'à la somme de dix escus, & si plus y en auoit demeurera à butin, reserué lesdits dix escus qui demeureront ausdits mariniers & gens de guerre. Aussi auront les coffres & communs habillemens seruans ausdits mariniers & compagnons de guerre ennemis, excepté habillemens de grand valeur, ou qui seroient faits pour vendre en fait de marchandise, reserué aussi toutes marchandises & argent monnoyé & à monnoyer qui seroient esdits coffres ou autres lieux, dont ils n'auront que lesdits dix escus que dit est, le tout sur lesdites peines & confiscation de corps & de biens.

Les maistres Capitaines & autres gouuerneurs qui auront charge des Nauires, seront tenus de mener au

Haure dont ils seront partis, les Nauires, personnes & marchandises, & prinses qu'ils feront sur la mer.

XXVIII.

ITEM, & pour obuier à toute discorde & confusion, & à ce qu'à chacun son droict soit gardé, voulons & ordonnons que les maistres, contremaistres, gouuerneurs & autres ayant charge des Nauires, ameinent les personnes, nauires, vaisseaux, marchandises & autres biens qu'ils prendront à leur voyage au mesme port & haure dont ils seront partis pour faire ledit voyage, sur peine de perdre tout le droict qu'ils auront en ladite prinse & butin, & d'amende arbitraire: le tout à appliquer à l'Admiral, à la charge & iurisdiction duquel sera ledit port, dont ils seront partis, & outre de punition corporelle, sinon que par force d'ennemis ou par tempeste ils fussent contraints eux sauuer en autre part.

Si les maistres & chefs des Nauires & gouuerneurs ne peuuent amener lesdits Nauires prins au Haure dont ils sont partis, nostredit Admiral aura tout tel droict que s'il fust arriué audit Haure.

XXIX.

ITEM, auquel cas que les maistres & conducteurs du Nauire qui auroient fait la prinse fussent contraints eux sauuer & descendre en autre port que celuy dont ils seront partis. Le dixiéme & autres droits appartiendront à l'Admiral, tels & semblables que si ledit Nauire fust retourné audit port dont il seroit party. Combien que parauenture ledit Admiral ne print lesdits droits au port ou ledit Nauire se seroit sauué, ce que ne luy pourra estre allegué ne obijcé en quelque maniere que ce soit, pour le cuider frustrer desdits droits.

Nulle chose ne pourra estre dit pillage qui excede la valeur de dix escus.

XXX.

ITEM, & pource que plusieurs gens de guerre desdits Nauires voudroient dire plusieurs butins tenir nature de pillage, pour par ce moyen les appliquer à leur profit au prejudice de ceux qui équipent & arment lesdites Nauires. Nous auons dit & declaré, disons & declarons suiuant nos anciennes ordonnances, que nulle chose pourra estre dit pillage qui excede la valeur de dix escus.

Les maistres, contremaistres & quarteniers respondront à nostredit Admiral des personnes qu'ils auront mis esdites Nauires, & les punir s'ils y commettent aucun larcin ou delict.

XXXI.

ITEM, & outre auons ordonné & ordonnons qu'en ce cas les maistres, contremaistres & quarteniers attendu que les delinquans ne se peuuent sauuer eux estant dedans ledit Nauire. Et que si lesdits maistres, contremaistres & quarteniers font leur deuoir, tels delicts ne se peuuent commettre qu'incontinent n'en soient aduertis, respondront à nostredit Admiral, & aussi à celuy ou ceux qui auront mis sus Nauire à leurs despens, des corps d'iceux delinquans pour en estre faite telle Iustice & reparation par nostredit Admiral ou ses Lieutenans qu'il appartiendra par raison.

Deffences à tous Marchands de n'achapter ne permuter aucunes marchandises de prinse iusques à ce que lesdites prinses soient declarées bonnes & vallables.

XXXII.

ITEM, auons deffendu & deffendons sur peine de prinse de corps & confiscation de biens à tous marchands de quelque estat qualité ou condition qu'ils soient, d'achepter, eschanger, permuter ou prendre par don ou autre couleur ou condition que ce soit, ne de celer ou occulter par eux ou autres directement ou indirectement les marchandises & biens depredez & amenez de la mer, auant que ledit Admiral ou sondit Lieutenant ait declaré les prinses estre iustes & de bon & licite gain.

Que les chefs, Capitaines & gouuerneurs desdites Nauires feront serment és mains de nostredit Admiral auant leur partement qu'ils deffendront nos subjets & alliez, & feront garder les Ordonnances.

XXXIII.

ITEM, si ledit Admiral ou aucun de ses Lieutenans n'estoient en personnes aux entreprises qui se feront par ladite mer pour tenir ordre & Iustice entr'eux de ladite entreprinse, les maistres, chefs, capitaines ou patrons auant leur partement feront serment (ainsi que dessus est dit) qu'à leur pouuoir ils deffendront nos Subjets, amis & alliez, & bienveillans sans leur porter dommage. Et que de toutes les prinses qu'ils feront & ameneront à terre, ils donneront cognoissance audit Admiral ou sondit Lieutenant. Et luy declareront ceux qui durant le voyage auront commis quelque méffait contre nos ordonnances ou autrement, pour en estre faite punition selon qu'il appartiendra.

Que le departement des prinses & butins qui se feront sur la mer, seront faits deuant nostredit Admiral ou ses Commis.

XXXIV.

ITEM, de toutes prinses qui se feront en mer, les ventes, butins & departemens en seront faits deuant ledit Admiral ou son Lieutenant, qui fera retenir par deuers luy inuentaire d'iceux biens, compte & calcul d'iceux, afin de cognoistre le fait & estat d'icelles prinses, & à qui en aura esté fait le departement, pour y auoir recours (si besoin est) & à qui il appartiendra.

Nostredit Admiral ou ses Visadmiraux ou Lieutenans receuront le serment, & institueront és offices de ceux qui par nous y seront commis.

XXXV.

ITEM, audit Admiral ou sondit Lieutenant ou Visadmiral appartiendra de receuoir au serment & instituer és estats & offices de ladite Admirauté ceux qui par nous en seront pourueus, & les fera jurer & chacun d'eux en son regard de faire bon & loyal deuoir en leurs estats & offices, & de garder & faire garder en leurdit regard nosdites presentes ordonnances.

Les Iuges des sieges particuliers de ladite Admirauté, si esdits lieux ne peuuent recouurer de Conseil, renuoyeront les parties par deuant nostredit Admiral au siege de la Table de Marbre du ressort desdits sieges particuliers.

XXVI.

ITEM, s'il aduient matieres de grand pris en aucuns des sieges particuliers de ladite Admirauté, Et que les Iuges veissent qu'ils ne peussent pas estre obeys ou recouurer du conseil pour faire leur iugement. Pourront renuoyer icelles matieres s'ils voyent que bon soit auec les parties adjournées deuant nostredit Admiral ou son Lieutenant à son siege de la Table de marbre, du ressort de laquelle seront lesdits sieges particuliers.

Les Sentences & iugemens donnez par les Iuges de ladite Admirauté au profit des Marchands contre les pirates seront executoires : nonobstant appellations, en baillant caution par lesdits Marchands.

XXXVII.

ITEM, & afin que mieux & plus seurement le fait de ladite marchandise puisse conduire & entretenir par la mer, & que tous pirates & autres gens frequentans la mer pour leurs auentures s'abstiennent de porter dommages aux Marchands, tant de nostredit Royaume que des autres païs estans de nostredite alliance & amitié. Auons ordonné & ordonnons que les sentences, iugemens & appointemens interlocutoires qui seront donnez par les Iuges de ladite Admirauté au profit desdits Marchands contre lesdits pirates & aduanturiers lesquels se pourront reparer en la diffinitiue des procez s'il en est appellé. Seront executoires quand à la restitution des biens reaument & de fait : nonobstant oppositions ou appellations quelconques, & sans prejudice d'icelles, en baillant toutesfois caution par lesdits marchands d'en rendre & restituer ce que par Iustice en diffinitiue en sera ordonné.

Ledit

Ledit Admiral aura & prendra à son profit le dixiéme de toutes les prinses & conquestes faites sur la mer & és greues d'icelles contre les ennemis.

XXXVIII.

ITEM, & afin que ledit Admiral puisse mieux supporter les frais & despences qu'il luy conuiendra faire à l'exercice desdits estats, charge & office, & qu'il puisse mieux & plus honorablement soy entretenir en nostre seruice au fait d'iceluy, Nous luy auons donné & ordonné, donnons & ordonnons le dixiéme, dont cy-dessus est fait mention, de toutes les prinses & conquestes faites sur la mer & és greues d'icelles contre nos ennemis, suiuant nos anciennes ordonnances, à quelque somme & valeur & estimation que ledit dixiéme pourra mõter. Sans ce qu'autre que luy puisse prendre iceluy droict de dixiéme, en fournissant toutesfois par luy vne liure de poudre pour tonneau, vn pauois & vne lance à feu pour trois tonneaux suiuant nosdites anciennes ordonnances.

Le droict que ledit Admiral prendra és prinses qui se feront par les seigneurs, marchands & bourgeois sur la mer ayant auictuaillez les Nauires.

XXXIX.

ITEM, & quand aux victuailles, poudres, canons, pauois & artilleries gaignez par les Nauires mises sus par aucuns seigneurs, bourgeois, marchands & autres de nostredit Royaume à leurs despens, lesquelles choses ont esté par cy-deuant pretenduës par les Admiraux de France. Nous auons declaré & declarons que nous n'entendons que ledit Admiral en joüysse entierement : ains seulement prendra esdites choses ledit droict de dixiéme. Et où il en voudroit prendre aucune parti pour la necessité qu'il en auroit pour la guerre, ou pour équipper nos Nauires ou les siennes faire le pourra, en payant raisonnablement le prix d'icelles choses, sondit dixiéme rabatu. Pareillement s'il veut prendre & retenir à luy aucunes desdites Nauires, faire le pourra, En les payant semblablement sondit droict de dixiéme rabatu. (Pourueu que prealablement & auant que ce faire : iceux Nauires seront criées au plus offrant & dernier encherisseur, és lieux & ainsi que l'on a accoustumé faire criées) pour ventes de biens meubles, faites de l'auctorité de nous ou de Iustice: afin que raison soit en ce gardée à tous qu'il appartiendra, sans faueur ne acception de personnes.

Le droict que ledit Admiral prendra sur les prisonniers prins par les Nauires desdits marchands.

XL.

ITEM, & en semblable des prisonniers prins sur la mer : y aura seulement son dixiéme auec le droict de son sauf conduit pour le retour dudit prisonnier, sans ce que nostredit Admiral y puisse autre chose demander ne auoir la garde desdits prisonniers, sinon & entant que montera sa portion de sondit dixiéme. (Si ce n'est que le prisonnier soit de si grand prix, & les preneurs de si petite qualité & condition qu'il ne fust pas bon le laisser en leurs mains.) Mais si aucun sans congé ou consentement dudit Admiral ou de sondit Visadmiral & Lieutenant, mettoit quelque prisonnier à finance, il perdra son priuilege, & pourra en ce cas ledit Admiral prendre à sa main ledit prisonnier, en payant ladite finance, rabatu sur icelle sondit droict de dixiéme.

Les maistres des Nauires & marchāds auant que charger lesdites Nauires, exhiberont & monstreront à nostredit Admiral ou Visadmiraux : au lieu où ils chargeront les marchandises, afin qu'il n'y soit commis aucun abus.

XLI.

ITEM, & pource que plusieurs abus se peuuent commettre par les maistres & compagnons de Nauires, où par les marchands portans denrées & marchandises prohibées & deffenduës hors nos pays, comme bleds, farines, vins, ou telles autres victuailles, ou bastons & munitions de guerre. Parce qu'ils partent & font voyages de nuict sans exhiber ne monstrer à nostredit Admiral ou ses Lieutenanleursdites denrées & marchandises, & que souuentesfois ils chargent sans les appeller. Au moyen dequoy iceluy Admiral ou sondit Lieutenant ne peuuent faire visitation desdites denrées & marchandises. Auons ordonné & ordonnons que lesdits maistres de Nauires & marchands exhiberont & monstreront à nostredit Admiral ou son Lieutenant, au lieu où ils chargeront lesdites denrées & marchandises. Et que contre ceux qui seront desobeyssans ou deffaillans, soit procedé par nostredit Admiral ou nos officiers en ladite Admirauté par amende & punition corporelle, & autrement ainsi qu'il appartiendra selon l'exigence du cas.

Si les Nauires Françoises font aucunes prinses des Nauires des amis & alliez esquels y ait aucunes marchandises ou traffique appartenant aux ennemis, le tout sera declaré de bonne prinse & confisqué.

XLII.

ITEM, & pource que par cy deuant sous couleur des pratiques & intelligences que ont aucuns de nos alliez & confederez auecques nos ennemis. Lors qu'il y auoit aucune prinse faite par mer, par nos subjets, plusieurs procez se suscitoient par nosdits alliez, voulant dire que les biens prins en guerre leur appartiennent, sous ombre de quelque part & portion qu'ils auoient auecques nosdits ennemis, dont se sont ensuiuies grosses condamnations à l'encontre de nosdits subjets. Au moyen dequoy iceux nos subjets ont depuis craint équipper Nauires en guerre pour nous faire seruice & endommager nosdits ennemis. Nous pour remedier à telles fraudes : & afin que nosdits subjets reprennent leur courage & ayent meilleur desir & occasion d'équipper Nauires en guerre par mer. Auons voulu & ordonné, voulons & ordonnons suiuant autres nos ordonnances, que si les Nauires de nosdits subjets sont prinses par mer d'aucuns Nauires appartenans à autres nos subjets ou à nos alliez, confederez & amis, esquels y ait biens, marchandises ou gens de nos ennemis, Où bien aussi Nauires de nosdits ennemis, esquelles y ait personnes, marchandises ou autres biens de nosdits subjets, alliez, confederez & amis, où esquels nosdits subjets confederez & alliez fussent partionniers en quelque portion, que le tout soit declaré de bonne prinse, Et dés à present comme pour lors, auons ainsi declaré & declarons par ces presentes, comme si le tout appartenoit à nosdits ennemis : Mais pourront nosdits alliez & confederez faire leur trafficque par mer dedans Nauires qui soient de leur obeyssance & sujection,

& par leurs gens & subjets, sans y accueillir nos ennemis & aduersaires, lesquels biens & marchandises ainsi chargées, ils pourront mener & conduire ou bon leur semblera (pourueu que ce ne soient munitions de guerre dont ils voulussent fortifier nosdits ennemis.) Auquel cas nous auons permis & permettons à nosdits subjets les prendre & amener à nos ports & haures : & lesdites munitions retenir selon l'estimation raisonnable, qui en sera faite par nostredit Admiral ou sondit Lieutenant.

Que pour obuier aux abus & fraudes qui se pourroient commettre esdites prinses incontinent apres l'abordement des Nauires, sera faite diligence recouurer les lettres faisant mention du chargement desdites Nauires.

XLIII.

ITEM, & pource qu'il pourroit aduenir qu'aucuns de nosdits alliez & confederez voudroient porter plus grand' faueur à nos ennemis & aduersaires qu'à nous & à nosdits subjets, Et à cette cause voudroient dire & soustenir contre verité que les Nauires prins en mer par nosdits subjets leur appartiendroient, ensemble la marchandise pour en frauder nosdits subjets. Voulons & ordonnons qu'incontinent apres la prinse & abordement du Nauire, nosdits subjets facent diligence de recouurer la charte-partie & autres lettres concernans le chargement du Nauire. Et incontinent à leur arriuement à terre les mettre par deuers le Lieutenant de nostredit Admiral : afin de cognoistre à qui le Nauire & marchandises appartiennent. Et où ne seroit trouuée charte-partie dedans lesdites Nauires prins, où que le maistre ou compagnons l'eus-sent jetté en la mer pour en celer la verité. Voulons que lesdites Nauires ainsi prins auecques les biens & marchandises estans dedans, soient declarez de bonne prinse.

Les marchands & autres qui auroient équippez & auictuaillez les Nauires, ne seront tenus respondre des prinses & prédations qui seront faites par leurs gens de guerre sur la mer sans fraude.

XLIV.

ITEM, pource qu'auons entendu que plusieurs de nos subjets ayans nombre de Nauires & qui sont riches & puissans pour les armer & équipper, se desistent chacun iour de ce faire, pour les trauaux & vexations des procez enquoy ont esté mis cy-deuant & encores sont chacun iour les bourgeois victuailleurs & armateurs de Nauires, sous ombre que leurs parties aduerses les veulent assujettir respondre des prinses & déprédations faites sur eux par les gens de guerre d'iceux Nauires. (Combien que lesdits bourgeois victuailleurs & armateurs n'ayēt aucune chose receu des biens depredez.) Et en iceux ne se soient immiscez en aucune maniere, ny estre participans du delict des dépredations, chose qui n'est raisonnable, Et que si tolleré estoit seroit grandement dōmageable à nous & à nostredit royaume, Parce que ce seroit pour oster le cœur à nosdits subjets de nous faire seruice en temps de guerre. Nous à ces causes, auons declaré & declarons, que lesdits bourgeois victuailleurs & armateurs de Nauires, non complices participās ne delinquans à faire prinses ou dépredations sur nos alliez, ne deuoir estre tenus ne sujets de respondre desdites prinses ou déprpredations en aucune maniere, ne pource estre aucunement vexez ou trauaillez : Ains voulons qu'ils en soient absous, si ce n'est que nos alliez complaignans desdites déprpredations veulent maintenir à l'encontre d'eux qu'ils ayent esté presents, participans ou complices à faire lesdites déprpredations, ou qu'apres icelles déprpredations faites ils se soient immiscez & ayent prins part esdits biens déprpredez. Auquel cas qu'ils ayent prins part esdits biens déprpredez, voulons que si la prinse est trouuée mauuaise, ils soient contraints rendre ce qu'ils en auront eü ou la iuste valeur. Et neantmoins esdits cas, voulons que les gens de guerre déprpredateurs soient punis selon la dispositiõ de droict & nos ordonnances, & condamnez & contraints *in solidum* à la restitution desdits biens déprpredez enuers nos alliez, & en leurs despens, dommages & interests.

Deffences à tous Notaires & Tabellions ne bailler certification des marchandises qui arriuent & descendent par la mer, ains en appartiendra toute la cognoissance à nostredit Admiral ou à ses Lieutenans.

XLV.

ITEM, & pource que souuentesfois est aduenu qu'aucuns Tabellions, Iuges & officiers autres que de ladite Admirauté, se sont ingerez de bailler lettres de certification des descentes des marchandises ou autres choses qui viennent & arriuent par mer, En entreprenant par eux sur les droits & auctorité de ladite Admirauté. Nous auons ordonné & ordonnons que telles certifications n'auront point de lieu pour ceux qui ainsi les auront prinse, d'autre que nostredit Admiral ou son Lieutenant. Et deffendons à tous Tabellions, Iuges & Officiers autres que nostredit Admiral ou sondit Lieutenant, de plus bailler aucunes telles lettres touchant & concernant le fait de ladite marine en quelque maniere que ce soit, & ce sur peine d'amende arbitraire, à appliquer moitié à nous & moitié à nostredit Admiral.

Deffences à tous Iuges, Vicontes & Verdiers, n'entreprendre cognoissance, n'arrester les Nauires estans és Haures chargez de bois: ains en laissent la cognoissance aux officiers de nostredite Admirauté.

XLVI.

ITEM, pource aussi que souuentesfois aucuns Iuges, Vicontes, Verdiers & autres s'ingerent & efforcent mettre en arrest les Nauires estans és ports & haures, sous couleur de ce qu'ils disent qu'ils sont chargez de bois ou autres marchandises: Et dudit bois & marchandises estans dedans lesdites Nauires veulent auoir la cognoissance, entreprenant sur les droicts, auctorité, cour & iurisdiction de ladite Admirauté. Auons prohibé & deffendu à tous Vicontes, Verdiers, & autres de quelque estat qu'ils soient, d'entreprendre sur telles choses ainsi chargées sur la mer en aucune maniere: mais en laissent du tout la cognoissance ausdits officiers de ladite Admirauté; ausquels ils pourront remõstrer ou faire remonstrer le droict qu'ils pretendent esdites Nauires, denrées & marchandises, pour leur en estre fait droict, & ce sur peine d'amende arbitraire à appliquer comme dessus, lesquels officiers de ladite Admirauté y pourront pouruoir par declaration ou autrement ainsi qu'il appartiendra.

Nostredit

sur le fait de l'Admirauté.

Nostredit Admiral fera recueillir les poudres, harnois, pauois & ancres és Nauires apportez du retour des voyages, pour seruir au fait de nos guerres.

XLVII.

ITEM, nostredit Admiral ou son Lieutenant recueillira le reste des poudres des Nauires à nous appartenans, qui auroit esté mis sus pour le fait de nos guerres, aussi les ancres & pauois qui seront rapportez au retour du voyage de nosdites Nauires: Afin de nous en seruir en autres affaires pour nos guerres, ainsi que par nostredit Admiral sera ordonné, & à ce contraindre les chefs desdites Nauires, maistres, contremaistres & quarteniers, par prinse de corps & de biens, & comme il est accoustumé faire pour nos propres affaires.

Nostredit Admiral prendra les droits des Congez & sauf-conduits de tous prisonniers prins en la mer, & ne se pourra nul entremettre dudit fait que luy ou ses Commis.

XLVIII.

ITEM, pourra nostredit Admiral donner congez, passages, seuretez & sauf-conduits par la mer & par les greues d'icelles, & auoir & prendre les droits des congez & sauf-conduits de toutes personnes prins en la mer. Et si aucuns sous ombre de quelque pouuoir qu'ils pretendroient auoir de quelque capitaine, quel qu'il soit, contreuenoient ausdits sauf-conduits, ledit Admiral en fera faire iustice & reparation telle que le cas le requerra: Car nul autre ne peut & ne doit s'empescher des faits de la mer que luy, si ce n'estoit personnage ayant de nous pouuoir particulier & exprés de ce faire.

Ledit Admiral pourra octroyer aux ennemis trefues durant le temps de la pescherie, si lesdits ennemis la vouloient pareillement accorder de leur costé.

XLIX.

ITEM, & quant à la harengaison & pesche d'autres poissons, voulõs, entendõs & nous plaist, qu'en ce tẽps de guerre ledit Admiral puisse accorder tresues pescheresse à nos ennemis & à leurs subjets, si tãt est que lesdits ennemis la veulent en semblable accorder à nos sujets. Et là où ladite trefue ne se pourroit d'vne part & d'autre conduire ou accorder, voulons & entendons que ledit Admiral puisse bailler aux subjets de nos ennemis sauf-conduits pour la pesche, tels & semblables cautions, charges & prefix que lesdits ennemis les bailleront à nos subjets.

Les Nauires en temps de guerre mis sus pour la garde des pescheurs, seront mis à leurs despens & payez.

L.

ITEM, lors qu'il sera question de mettre Nauires en temps de guerre pour seruir de gardes aux pescheurs par la permission de nostredit Admiral, lesdites Nauires seront mis sus aux despens desdits pescheurs, & payez selon le conuenant & accord desdits pescheurs ou de leurs bourgeois.

Ledit Admiral en temps de guerre pourra armer Nauires & Vaisseaux pour conduire & mener a seureté les marchands & alliez.

LI.

ITEM, voulons qu'en temps de guerre nostredit Admiral puisse armer Nauires & vaisseaux pour conduire à seureté nos subjets & autres marchands nos alliez & amis, quand il en sera requis, & prendra pour ce faire le salaire accoustumé.

SI DONNONS en Mandement par ces presentes à nos amez & feaux les gens de nos Cours de Parlement audit Admiral de France presens & aduenir, ses Visadmiral, Lieutenans & officiers, à tous nos Baillifs, Seneschaux, Preuost, Iuges ou à leurs Lieutenans, Capitaines, chefs & conducteurs de Nauires & Vaisseaux, garde de ports, haures, villes, chasteaux & forteresses maritimes, & autres nos iusticiers, officiers & subjets. & à chacun d'eux endroit soy & si comme à luy appartiendra, que nos presens Edict, statut, declaration & ordonnance ils entretiennent, gardent & obseruent, facent de poinct en poinct inuiolablement entretenir garder & obseruer, lire, publier & enregistrer ou & ainsi qu'il appartiendra & besoin sera, sans aller ne venir directement ou indirectement au contraire en quelque maniere que ce soit. En punissant les transgresseurs par les peines cy-dessus indites & autrement, ainsi qu'il appartiendra & verront estre à faire selon l'exigence des cas: Car tel est nostre plaisir, nonobstant quelconques autres Edicts, statuts, ordonnances, mandemens, restrinctions, ou deffences à ce contraires. Et afin que ce soit chose ferme & stable à tousiours, nous auons fait mettre nostre seel à cesdites presentes, sauf en autre chose nostre droict & l'autruy en toutes. Donné à Fontainebleau au mois de Féurier, l'an de grace mil cinq cens quarante trois. Et de nostre regne le trentiéme. Signé, Par le Roy en son Conseil, BAYART. Et à costé, VISA.

LEcta publicata & registrata audito Procuratore generali regis, pro gaudendo per Admiraldum & utendo hisce ordinationibus & iuribus in illis declaratis, quemadmodum antecessores Admiraldi, ritè & rectè uti & gaudere conuenerunt, sub modificationibus & declarationibus contentis in registro ac die super publicatione dictarum ordinationum facto. Parisiis in Parlamento decima die Martij. Anno domini millesimo quingentesimo quadragesimo tertio. Sic signatum.

SVR les lettres patentes du Roy en forme d'Edict données à Fontainebleau au mois de Février dernier, contenans les ordonnances du fait de l'Admirauté de France. Apres qu'elles ont esté iudiciairement leuës, Et que Maistre Iacques Aubery, Aduocat de l'Admiral present, a requis estre mis, *Lecta publicata & registrata*: Et que le Maistre pour le Procureur general du Roy a dit qu'il le consentoit sous les modifications contenuës au registre.

LA Cour a ordonné que sur lesdites ordonnances promulguées par le Roy : pour la direction & exercice de l'office de l'Admiral, mesmement quant au fait de la Iustice sera mis, *Lecta publicata & registrata audito Procuratore generali regis pro gaudendo & utendo hisce ordinationibus & iuribus in illis declaratis, quemadmodum antecessores Admiraldi rite & recte uti & gaudere consueuerunt, sub modificationibus, & declarationibus contentis in registro hac die super publicatione dictarum ordinationum facto*. Et à ce que lesd. modifications & declarations soient sceuës & entenduës. A ordonné & ordonne icelle Cour qu'il en ſera prins & baillé extraict du regiſtre, lequel ſera attaché auec leſdites ordonnances pour en faire la publication en faiſant celle deſdites ordonnances, tant au ſiege de l'Admirauté à la Table de Marbre en ce Palais, qu'autres lieux & iuriſdictions de ladite Admirauté, afin qu'aucun n'en puiſſe pretendre cauſe d'ignorance.

Dixiéme Mars, mil cinq cens quarante-trois.

LA Cour a ordonné & ordonne, que les Ordonnances faites par le Roy pour le fait de l'Admirauté, Signées, BAYARD, En dabte du mois de Février dernier à Fontainebleau, ſeront leuës publiées & enregiſtrées en icelle. Et ſur le reply ſera mis, *Lecta, publicata & regiſtrata audito Procuratore generali regis: pro gaudendo per Admiraldum & vtendo hiſce ordinationibus, & iuribus in illis declaratis quemadmodum anteceſſores admiraldi: rite & recte vti & gaudere conſueuerunt ſub modificationibus & declarationibus contentis in regiſtro hac die ſuper publicatione dictarum ordinationum facto.*

LEſquelles modifications ſont aſſauoir, quant au premier article deſdites ordonnances l'Admiral & ſes officiers jouyront de la iuriſdiction & cognoiſſance des cauſes contenuës audit premier article: meſmes entre perſonnes priuées qui ne ſont autrement ſujettes audit Admiral & à ſes officiers, entant que touche les delicts commis en la mer & és ports d'icelle, & és iſles adjacentes, & tant que le flot de la mer s'eſtend durant la nauigation ſeulement. Les contracts auſſi & conuentions touchant & concernant immediatement le port ou voicture des marchandiſes de la mer, & autres choſes ou le fait de la nauigation, ainſi qu'il eſt contenu au regiſtre de la publication des lettres d'Edict ſur ce decernées par le Roy qui fut faite en ladite Cour le ſixiéme iour de Mars, l'an mil cinq cens trente-cinq, viuant le feu Admiral Conte de Briançoys.

Et entant que touche le quatriéme article d'icelles ordonnances touchant l'application des amendes, iouyra ledit Admiral du contenu audit article, tout ainſi en la forme & maniere qu'il & ſes predeceſſeurs en l'office en ont bien & deuëment accouſtumé iouyr. Et au regard du douziéme article il demeurera & ſortira ſon effect pour le regard en tiers d'iceluy ou ceux qui auront tiré & ſauué les Nauires, biens & marchandiſes: Mais quant aux deux autres tiers ils ſeront mis & dépoſez entre les mains de quelque bon & notable marchād ou bourgeois reſſeant qui ſe chargera de la garde iuſques à deux mois apres, pendant lequel les maiſtres des Nauires, & auſſi ceux à qui appartiennent les biens & marchandiſes eſtant en icelles reſpectiuement ou leurs heritiers, pourront reclamer leſdits deux tiers ſeulement. Et venans faire ladite reclamation dedans leſdits deux mois leur ſeront leſdits deux tiers qui ſeront dépoſez entre les mains du gardien rendus & reſtituez. Et là où il n'iront reclamer dedans leſdits deux mois: & iceux eſcheus, leſdits deux tiers appartiendront l'vn au Roy, & l'autre audit Admiral, le tiers en tout cas touſiours demeurant à celuy ou ceux qui auront tiré & ſauué, comme deſſus eſt dit.

Fait en Parlement le dixiéme iour de Mars, l'an mil cinq cens quarante-trois.

FIN.

EDICT DV ROY, SVR LE *fait des matieres des Estrangers à la Table de Marbre.*

FRANCOIS par la grace de Dieu Roy de France, à tous presents & aduenir, Salut. Nostre tres-cher & tres-amé Cousin le Seigneur Dannebault, Mareschal & Admiral de France. Nous a dit & remonstré que les gens de la Chambre des Requestes par nous nouuellement establis en nostre Palais à Roüen, quelques iours apres leur creation. Nous ayant fait entendre que les matieres dont nous leur auons attribué la cognoissance par l'Edict de leurdite creation & erection à l'instar d'iceux des Requestes de nostre Palais à Paris, n'estoient suffisans pour les occuper. Nous aurions pour augmentation de leur iurisdiction voulu & ordonné par autre Edict à part du mois de Ianvier, qu'ils cognoistroient de plusieurs autres causes & matieres d'importance. Et mesmement des causes, querelles, procez & differends de ceux de la hanse Teutonique, Austerlins, Anglois, Escossois, Portugallois, Espagnols, & autres estrangers. Soit que lesdits procez & differends fussent entr'eux ou auec nos subjets, ou aucuns d'eux pour quelque occasion & en quelque maniere que ce fust ou pûst estre en premiere instance priuatiuement à tous autres Iuges. Combien que telles matieres de toute ancienneté soient de la iurisdiction de l'Admirauté de France, laquelle si elles en estoient eneruées & distraites, demeureroit quasi inutille la pluspart du tẽps. Quoy qu'il en soit le plus beau & le meilleur de son ressort ancien, luy seroit par ce moyen osté pour en augmenter vne cour nouuelle, & que nostredit cousin desireroit ne voir aduenir de son temps. Nous suppliant & requerant à cette cause ne vouloir permettre qu'en cela il soit rien innoué contre & au prejudice desdites iurisdiction & ressort de ladite Admirauté, mais les laisser en leur entier.

SCAVOIR faisons, que nous ayans mis cette matiere en deliberation auec les gens de nostre Conseil Priué, Et qu'il est clair & apparent que lesdites matieres d'entre telles nations estranges ne peuuent gueres proceder que pour raison des trafiques & marchandises qu'ils font par mer, au moyen dequoy & par cõsequent sont & dépendent des pouuoir, iurisdiction & auctorité de ladite Admirauté, les Iuges & Officiers

Officiers de laquelle en ont aussi tousiours cognû & decidé. Si par éuocations ou commissions particulieres à la requeste d'aucunes parties ils n'en ont quelquefois esté interdits. Ce que à l'expedition d'iceluy nostre dernier Edict ne nous a esté bien interpreté ne donné à entendre. Pour ces causes & autres bonnes & raisonnables considerations à ce nous mouuans, de nostre certaine science, plaine puissance & auctorité royale, & par aduis des gens de nostre Conseil Priué. Auons par ces presentes, dict, declaré, voulu & ordonné, disons & declarons, voulons & ordonnons & nous plaist. Que lesdits Iuges & Officiers d'icelle Admirauté, cognoissent, iugent & decident priuatiuement à tous autres Iuges desdites causes, querelles, procez & differens, de ceux de ladite hanse teutonicque & austerlins, Anglois, Escossois, Portugalois, Espagnols & autres estrangers. Soit que lesdits procez & differens soient entre eux ou auec nos subjets ou aucuns d'eux pour quelque occasion que ce soit. Et dont par iceluy nostre Edict, nous auons par augmentation de iurisdiction, commis & attribué les cognoissances & decision ausdits gens desdites Requestes de nostre Pa-

lais à Roüen, lesquelles cognoissance &
decision, Nous leur auons interdites &
deffenduës, interdisons & deffendons par
cesdites presentes. Que voulons leur estre
signifiées & à tous autres par le premier
nostre Huissier ou Sergent sur ce requis;
Que à ce faire commettrons auecques exprés commandement de par nous que s'ils
auoient de present pendant par deuant
eux aucunes desdites causes & matieres,
procez & differens d'entr'eux desdites nations, qu'incontinent ils ayent à les renuoyer auec les parties par deuant lesdits
Iuges & Officiers de ladite Admirauté
pour en cognoistre, iuger & decider comme dessus, nonobstant les interdictions, inhibitions & deffences qui leur auroient
esté faites en vertu de nostre Edict. Que
nous auons leuées & ostées, leuons &
ostons à pur & à plain. Et nonobstant aussi
les autres causes irritantes & dérogeantes
contenuës par iceluy Edict, que ne voulons quant en ce, auoir lieu. Mais entant
que besoin est ou seroit, y auons expressé-
ment dérogé & dérogeons, de nosdites
certaine science, plaine puissance & auctorité par cesdites presentes.

SI DONNONS EN MANDEMENT à

noſtre amé & feal Conſeiller & garde des Seaux de noſtre Chancellerie, Maiſtre François Erraulz, Seigneur de Chemens, Preſident en Piedmont, à nos amez & feaux les gens de noſtre Cour de Parlement à Roüen, & à tous nos autres Iuſticiers & Officiers qu'il appartiendra : que nos preſens Declaration, ordonnance, vouloir, interdictions, inhibitions & deffences, & tout le contenu cy-deſſus, ils facent lire, publier & enregiſtrer, entretenir, garder & obſeruer de poinct en poinct inuiolablement, Ceſſans & faiſans ceſſer tous troubles & empeſchemens au contraire. Et à ce faire ſouffrir & obeïr, contraignent ou facent contraindre tous ceux qu'il appartiendra, par toutes voyes, manieres deuës & en ce cas requiſes : Car ce eſt noſtre plaiſir. Nonobſtant quelsconques ordonnances, reſtrinctions, mandemens ou deffences à ce contraires : Et afin que ce ſoit choſe ferme & ſtable à toûjours, Nous auons fait mettre noſtre ſeel à ceſdites preſentes, Sauf en autres choſes noſtre droict & l'autruy en toutes. Donné à Sainct Mor des Foſſez au mois de Iuillet, l'an de grace mil cinq cens quarante-quatre : Et de noſtre Regne le trentieſme.

F ij

Signé sur le reply, Par le Roy. Vous present BAYARD, vn paraphe, Visa. Et encores plus bas.

Lecta publicata & registrata, audito & non impediente Procuratore generali regis. Actum Rothomagi in Parlamento 24. die Iulij. Anno domini millesimo quingentesimo quadragesimo quarto.

Signé, SVRREAV, vn paraphe.

EXTRAICT DES REGISTRES de la Cour de Parlement.

SVR la Remonſtrance & Requeſte verballement faite par le Procureur general du Roy, & veu par la Cour l'Arreſt donné en icelle les Chambres aſſemblées le 10. May 1605. Sur la verification des Lettres de Declaration dudit Seigneur du 23. Févrièr precedent, concernant le droit de Guet & Garde que les ſubjets & habitans des Coſtes Maritimes ſont tenus faire le long deſdites Coſtes, à la diſtance preſcripte par les Ordonnances. LADITE COVR, ſuiuant ledit Arreſt, A fait & fait tres-expresses inhibitions & deffences aux Officiers de l'Admirauté & tous autres, de contraindre les subjets & habitans des Parroisses voisines des costes dè la Mer de faire ledit Guet & Garde esdites costes, sinon ceux qui sont à demie lieuë prés d'icelles costes, & non à plus longue distance, conformément esdites Ordonnances, ny de leuer & exiger sur eux pour le droict dudit Guet deu à l'Admiral, plus grande taxe que celle contenuë esdites Ordonnances, sur peine de repetition du quatruple : Et sans que ceux qui ont accoustumé de faire le Guet és Villes, Chasteaux & Places fortes situez sur la Mer, soient tenus ny abstraints de faire ledit Guet, sinon és lieux où ils ont accoustumé, & non sur lesdites costes; Et ne pourra ledit droit de Guet estre demandé aux subjets à iceluy pour plusieurs années, ains pour vne année ſeulement & ſans frais : Et a ladite Cour ordonné & ordonne, que tant par les Conſeillers Commiſſaires qui ſeront à ce deputez que par les Iuges ordinaires des lieux : Sera informé des contrauentions & exactions faites ſur leſdits habitans, contre & au prejudice deſdites Ordonnances & Arreſt : Et enjoint aux Iuges de ladite Admirauté en chacun Siege, d'enuoyer à ladite Cour dans le mois, les noms des Parroiſſes ſujetes audit Guet eſdites coſtes Maritimes, & la diſtance d'icelles, auec le droict qu'ils ont accouſtumé d'en payer, ſur peine de reſpondre par leſdits Iuges en leur propre & priué nom, de tous deſpens, dommages & intereſts : A laquelle fin ſera le preſent Arreſt imprimé & enuoyé par les Bailliages & Vicontez de ce reſſort & chacun Siege de l'Admirauté, Ports, Havres & villes Maritimes de cedit ressort, pour y estre leu, publié & enregistré, & le contenu en iceluy executer selon sa forme & teneur. Fait à Roüen en ladite Cour de Parlement, le vingt-neufiéme iour de Mars mil six cens dix.

Signé, DE BOISLEVESQVE.

www.ingramcontent.com/pod-product-compliance
Ingram Content Group UK Ltd.
Pitfield, Milton Keynes, MK11 3LW, UK
UKHW020433180726
13839UKWH00003B/1465

9 782329 609065